Katja Reider

Katzengeschichten

Illustriert von Lisa Althaus

ISBN 978-3-7855-6555-1
1. Auflage 2010
© 2010 Loewe Verlag GmbH, Bindlach
Umschlagillustration: Lisa Althaus
Reihenlogo: Angelika Stubner
Rätselfragen: Johanna Müller
Printed in Italy (011)

www.leseleiter.de
www.loewe-verlag.de

Inhalt

Wo ist Milli?

„Milli, wo bist du? Miiiilliiii!!"
Sarah sucht ihre kleine Katze.

Liegt sie etwa unter dem Sofa?
Oder auf dem Bett?
Nein, keine Spur von Milli!

Vielleicht ist Milli ja im Garten!
Sarah stürmt nach draußen.

Nanu, woher kommt denn
dieses klägliche Miauen?
Suchend blickt Sarah sich um.

Oje, Milli sitzt im Apfelbaum
und traut sich nicht hinunter!

Was soll Sarah nur tun?
Mama ist einkaufen gegangen.
Sarah ist ganz allein.

Ob sie die Feuerwehr rufen soll?
Sarah zögert.

„Ist das da oben deine Katze?",
fragt plötzlich jemand.
Sarah blickt sich um.
Am Zaun steht ein fremdes Mädchen.

Jetzt kommt es näher und sagt:
„Hol mal ein paar Leckerlis!"

Sarah nickt und rennt los.
Sie ist froh zu wissen,
was zu tun ist.

Als sie zurückkommt,
schnappt sich das fremde Mädchen
die Leckerlis und schwingt sich
auf den ersten Ast.

Sarah reißt die Augen auf.
Wie geschickt die andere
klettern kann!

Jetzt hat sie Millis Ast erreicht.
Sie streckt die Hand aus
und spricht auf das Kätzchen ein.

Sarah hält unten den Atem an.
„Bitte!", flüstert sie. „Sei brav, Milli!"

Gott sei Dank!
Milli lässt sich auf den Arm nehmen.
Dann geht es ganz vorsichtig abwärts.

Überglücklich nimmt Sarah
ihr Kätzchen in Empfang.

„Wieso kannst du so gut klettern?",
fragt Sarah später.

„Ich komme aus der Schweiz",
erklärt Anna, Millis Retterin.
„Da waren Papa und ich
oft auf Klettertour in den Bergen."

„Von so weit her kommst du?"
Sarah staunt.
„Fühlst du dich denn
noch fremd hier?"
Ihre neue Freundin lächelt.
„Jetzt nicht mehr ..."

Wo kommt Anna her? Tausche den letzten Buchstaben gegen „n" aus. Welches neue Wort erhältst du?

Trage die Antwort im Kreuzwort-rätsel bei Nummer 1 ein.

(K)ein großer Katzenfreund

Jakob wundert sich.
Mama steht seit Stunden
in der Küche.

Und Papa putzt so hektisch herum,
dass sich Tiger verkrochen hat!
Was ist nur los?

„Heute kommt Herr Fritz zu Besuch",
erklärt Papa schließlich.

Ah, jetzt versteht Jakob!
Herr Fritz ist Mamas Chef.

„Tiger bleibt besser in deinem Zimmer",
sagt Mama zu Jakob.
„Ich habe nämlich gehört,
dass Herr Fritz keine Katzen mag."

Jakob kann diesen Herrn Fritz
schon jetzt nicht leiden.
Wütend stapft er in sein Zimmer.

Da klingelt es!
Herr Fritz hat Blumen mitgebracht.

Papa serviert das Essen.
Mama versucht,
entspannt auszusehen.

„Komm, Jakob, sag kurz Hallo!",
flötet Mama durch die Tür.
Jakob seufzt.
Aber dann geht er ins Esszimmer.

„Ah, der Junior!", lächelt Herr Fritz.
Weiter kommt er nicht.

Denn plötzlich ist Tiger da!
Oh nein! Jakob versucht,
den Kater zu packen.

Tiger erschrickt,
springt zur Seite
und verkrallt sich in der Tischdecke … 23

„TIGER!!", donnert Papa.
Zu spät.
Schon geht die Decke zu Boden.
Der Teller mit dem Braten kippt …

… in den Schoß von Herrn Fritz!

Alle erstarren.

Bis Herr Fritz zu lachen beginnt.
Mama schaut ihn unsicher an.
Aber dann prustet auch sie los.

Jetzt stimmen auch Papa und Jakob ein.
Bald kringeln sich alle vor Lachen.

Später gibt es superleckere Pizza.
Die fleckige Hose liegt auf der Heizung.
Und Tigers Kopf
an der Brust von Herrn Fritz.
Na so was ...!

Wie wird Jakob von Herrn Fritz genannt? In diesem Wort versteckt sich ein Monatsname. Weißt du, welcher Monat es ist?

Trage die Antwort im Kreuzworträtsel bei Nummer 2 ein.

Die schönste Überraschung der Welt

Nelli ist ja sooo aufgeregt!
Mira, die Katze der netten Nachbarn,
hat Junge bekommen!
Vier süße kleine Katzenbabys.

Und heute darf sich Nelli
die Kleinen mit Mama anschauen.

Die Nachbarin führt
Nelli und Mama ins Wohnzimmer.

Nelli schnappt nach Luft.
Was für ein süßer Anblick!

Mira liegt stolz in ihrem Körbchen.
Dicht kuscheln sich die Kleinen
an ihre Mama.

Ihre Augen sind geschlossen.
Und ihr Fell sieht seidenweich aus.

Auf Zehenspitzen tritt Nelli näher.
„Keine Angst, Mira!",
flüstert sie.

„Ich tu deinen Babys nichts.
Ich schaue sie mir nur an, ja?"

„Na, gefallen dir die Kleinen?",
fragt Mama von hinten.

Nelli nickt heftig.
Was für eine Frage!
Mama weiß doch,
wie sehr sie sich ein Kätzchen wünscht!

Aber Mama ist den ganzen Tag im Büro.
Die Katze wäre zu lange allein,
hat Mama Nelli erklärt.

Das hat Nelli eingesehen.

Auch wenn es traurig ist …

„Welches Kätzchen hättest du denn
am liebsten?",
fragt Mama in Nellis Gedanken hinein.

WIE BITTE??!!
Nelli fährt herum.

Da lächelt Mama und sagt:
„Ich kann bald mehr
von zu Hause aus arbeiten.
Und deswegen …"
Weiter kommt sie nicht.
Da stürzt Nelli schon in ihre Arme.

Wie sieht das Fell der Kätzchen aus? Zähle drei Wörter weiter. Welchen Begriff erhältst du?

Trage die Antwort im Kreuzwort-rätsel bei Nummer 3 ein.

Der Retter

Max ist stolz:
Er darf Katze Finchen versorgen,
während die Nachbarn verreist sind.

Jeden Tag geht Max hinüber
in die andere Wohnung.
Dort füttert er Finchen.

35

Sie streicht um Max' Beine
und reibt ihren Kopf an seiner Hand.
Das heißt:
Schön, dass du da bist!

Dann spielt Max mit der Katze,
bis sie vor Behagen schnurrt.
Das macht beiden Spaß!

Heute ist Max' Mama mitgekommen,
um Finchens Streu zu wechseln.
„Huhu, wo steckst du, Finchen?",
ruft Max lockend.

Nichts. Alles bleibt still.
Max hat plötzlich ein seltsames Gefühl.

Und dann entdeckt er Finchen:
Die kleine Katze liegt reglos am Boden.
Ihre Augen sind glasig.

„Oje, sie scheint krank zu sein!",
sagt Mama erschrocken.

Max' Blick schweift durch den Raum.
Da, die zerbissene Schachtel!
„Oh nein, sie hat Tabletten gefressen!",
ruft Max aus.
„Wir müssen sofort zum Tierarzt!"

Mama und Max wickeln Finchen
vorsichtig in eine Decke
und tragen sie zum Auto.

Zum Glück ist der Tierarzt nicht weit!

Max gibt Doktor Murr
die zerbissene Schachtel.

Der Arzt nickt anerkennend.
„Danke, jetzt weiß ich,
was Finchen gefressen hat.
So kann ich ihr viel besser helfen."

Tatsächlich erholt Finchen sich schnell.
Bald ist sie so frech wie früher.

Finchens Besitzer sind heilfroh,
dass alles gut gegangen ist!

Zum Dank
bekommt Mama einen Blumenstrauß
und Max ein tolles T-Shirt.
Was da wohl draufsteht?

Was macht Finchen vor Behagen?
Streiche den letzten Buchstaben
und hänge „bart" an. Wie lautet das
neue Wort großgeschrieben?

Trage die Antwort im Kreuzwort-
rätsel bei Nummer 4 ein.

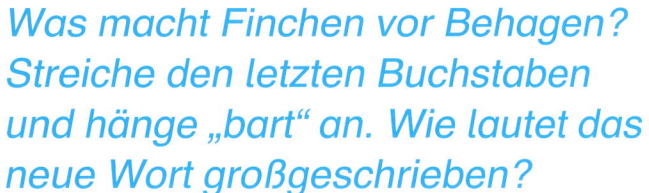

Katja Reider arbeitete nach ihrem Studium mehrere Jahre als Pressesprecherin des Wettbewerbs „Jugend forscht". Seit der Geburt ihrer beiden Kinder purzeln ihr ständig Geschichten und Reime aus dem Ärmel, die sie nur einzusammeln braucht. So hat sie neben Geschenkbüchern für Erwachsene auch zahlreiche Kinder- und Jugendbücher geschrieben, die in viele Sprachen übersetzt wurden.

Lisa Althaus wurde in Österreich geboren. Sie studierte an der Universität für ange-wandte Kunst in Wien und an der Akademie der Bildenden Künste in München. Seit 1981 illustriert sie Kinderbücher. Nach über 20 Jahren in München lebt sie heute mit ihrer Familie in einem alten Haus in den Bergen und arbeitet als freie Künstlerin und Illustratorin.

Knacke das Rätsel!

Sammle von Geschichte zu Geschichte die Antworten zu den Fragen und trage sie hier ins Kreuzworträtsel ein. Das Lösungswort verrät dir, womit Katzen ihr Gleichgewicht halten können. Was ist es?

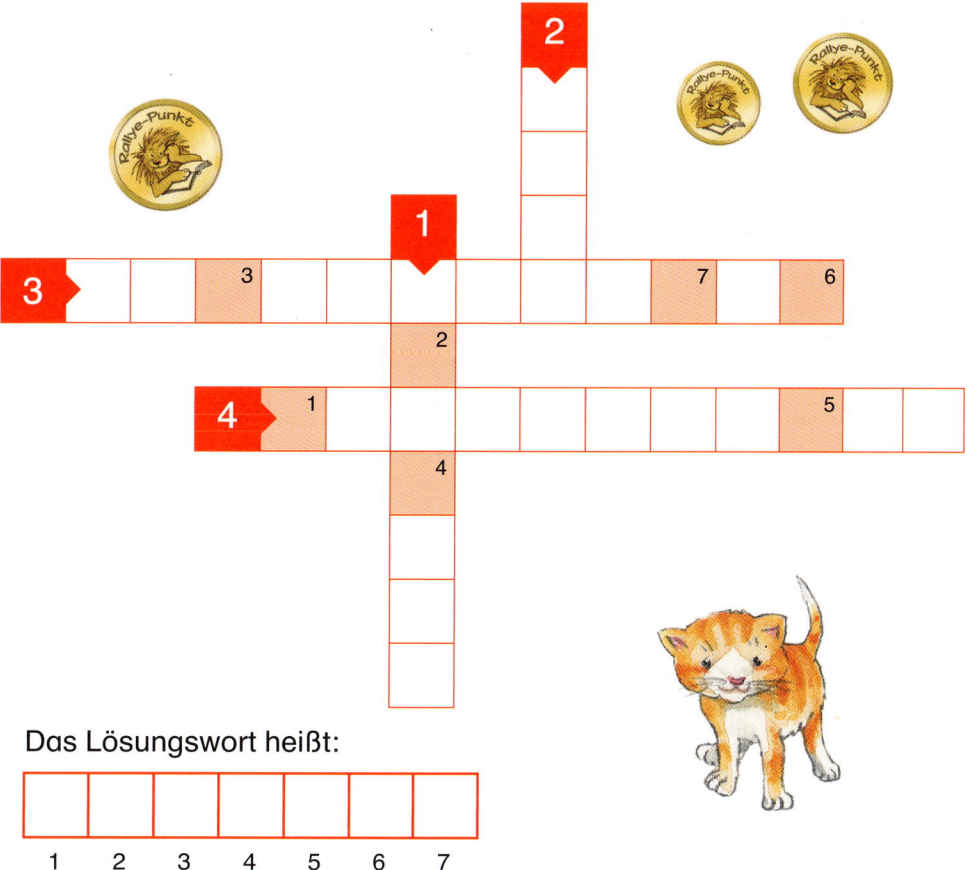

Das Lösungswort heißt:

1	2	3	4	5	6	7

Lesen, rätseln, Punkte sammeln!
Schau einfach mal rein unter www.leseleiter.de: Dort kannst du mit den Lösungswörtern aus den Lese-Rallye-Büchern wertvolle Punkte sammeln und sie gegen tolle Leseleiter-Prämien eintauschen. Viel Spaß!